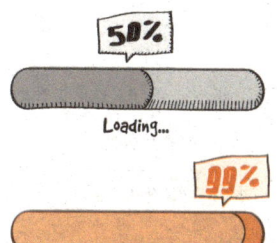

The Little Book of Productivity

超效率手册

99个史上更全面的时间管理技巧

[加] 斯科特·扬（Scott Young）◎著 李云◎译

机械工业出版社
CHINA MACHINE PRESS

图书在版编目（CIP）数据

超效率手册：99个史上更全面的时间管理技巧／（加）扬（Young, S. H.）著；李云译．—北京：机械工业出版社，2015.11（2024.11重印）

书名原文：The Little Book of Productivity

ISBN 978-7-111-52094-8

I. 超… II.①扬… ②李… III. 时间－管理－通俗读物 IV. C935-49

中国版本图书馆CIP数据核字（2015）第268021号

北京市版权局著作权合同登记　图字：01-2015-6751号。

Scott H.Young. The Little Book of Productivity.
Copyright © by ScottHYoung.com Services Ltd.
This translation published under license.
Simplified Chinese Translation Copyright © 2016 by China Machine Press. This edition is authorized for sale in the Chinese mainland (excluding Hong Kong SAR, Macao SAR and Taiwan).
No part of this book may be reproduced or transmitted in any form or by any means, electronic or mechanical, including photocopying, recording or any information storage and retrieval system, without permission, in writing, from the publisher.
All rights reserved.

本书中文简体字版由ScottHYoung.com Services Ltd.授权机械工业出版社仅在中国大陆地区（不包括香港、澳门特别行政区及台湾地区）独家出版发行。未经出版者书面许可，不得以任何方式抄袭、复制或节录本书中的任何部分。

超效率手册：99个史上更全面的时间管理技巧

出版发行：机械工业出版社（北京市西城区百万庄大街22号　邮政编码：100037）
责任编辑：冯语嫣
责任校对：董纪丽
印　　刷：北京虎彩文化传播有限公司
版　　次：2024年11月第1版第25次印刷
开　　本：130mm×185mm　1/32
印　　张：3.875
书　　号：ISBN 978-7-111-52094-8
定　　价：25.00元

客服电话：（010）88361066　68326294

版权所有·侵权必究
封底无防伪标均为盗版

**THE LITTLE BOOK
OF PRODUCTIVITY**

前言

　　我是一名学生，一名自由职业者，也是一名创业者。这本书中所谈到的许多创造力方面的挑战，都源于我的亲身经历。作为学生，除了修习日常课程，完成论文和准备考试以外，我还会参加很多课外项目。同时，我还是名自由撰稿人，在网上写文章，谈见解。最重要的是，我还经营着自己的学习类博客和网站ScottHYoung.com，这个网站现在已经火速成为世界级的现象，挂起了一股学习狂潮。

　　读者朋友一定会想象我学习和工作起来像个高效率的机器人，然而，事实与你的想象可远着呢。在许多方面，我可能比你们要慵懒得多。实际上，我的缺点反而成为一种有利因素，正是懒惰以及偶尔缺乏自律的缺点驱使我寻找提高效率的方法。

　　这本书里有很多提升效率的方法，事实上多达99个。这99个方法能帮你在更短的时间内做更多的事。这本小书收录了我偶然发现的关于提升生产率的最简单易行的方法。有一些很容易,但我用过之后,生产率几乎增加了一倍。

我的生活理念和态度是"Get More From Life"。要想做到这一点,在生命中得到更多的体验和感悟,就必须提升效率。相信读者和我一样,都是热爱生活和积极进取的有志青年,希望这本书里的技巧和概念能为你在学习和工作中增添活力,提升动力,完成超效率人生的完美转型。

THE LITTLE BOOK
OF PRODUCTIVITY

目录

简 介

第1章　　　　　　　　　　　　　　001
克服拖延症

1. 周/日目标 / 002
2. 限定时间 / 003
3. 分解任务 / 004
4. 短跑理论 / 005
5. 日程校对 / 006
6. 加强自律 / 007
7. 使用咒语 / 008
8. 根除潜在的绊脚石 / 009
9. 动力催化剂 / 010
10. 搅拌 / 011
11. 营造一个不会分心的工作场所 / 012
12. 拒绝"应该" / 013
13. 预备、射击、瞄准 / 014
14. 摒弃拖延恶习 / 015

第 2 章　做事更有条理　　017

15. 条理性是一种技能 / 018
16. 少点儿混乱，少点儿压力 / 019
17. 捕捉装置 / 020
18. 给所有东西规定放置的地方 / 021
19. 简单的组织系统 / 022
20. 简单的组织系统：项目 / 023
21. 简单的组织系统：任务 / 024
22. 简单的组织系统：活动 / 025
23. 写出你的目标 / 026
24. 分支法 / 027
25. 通信记录 / 028
26. 做你承诺过的事 / 029
27. 整齐 VS 有条理 / 030
28. 阅读笔记 / 031
29. 数字条理性 / 032

第 3 章　保持活力　　033

30. 晨礼 / 034
31. 休一天假 / 035
32. 日常运动 / 036
33. 为体能进食 / 037
34. 让你的时间头重脚轻 / 038
35. 按周期工作 / 039
36. 关闭开环 / 040

37. 多任务处理：第八宗罪 / 041
38. 15 分钟法则 / 042
39. 喝水 / 043
40. 给你的动力再次充电 / 044
41. 保持敏锐 / 045
42. 工作/娱乐时间表 / 046
43. 平衡创造力 / 047

第 4 章　049
把事情完成

44. 完成项目，而不是完成任务 / 050
45. 设定最后期限 / 051
46. 每周回顾 / 052
47. 避免硬时限 / 053
48. 帕金森定律 / 054
49. 霍夫施塔特定律 / 055
50. 感激懒惰 / 056
51. 框架规划 / 057
52. 不要重新发明轮子 / 058
53. 快速样品制作 / 059
54. 别按照时间来获得报酬 / 060
55. 被逼出来的生产效率 / 061
56. 每日标记 / 062
57. 制定一个出口策略 / 063

第 5 章　065
让你的日常工作自动进行

58. 注意：习惯的角色 / 066

59. 30 天试验 / 067
60. 日常 VS 非日常工作 / 068
61. 触发物 / 069
62. 替换理论 / 070
63. 操作性条件反射 / 071
64. 一次培养一个习惯 / 072
65. 始终如一 / 073
66. 先投资自己 / 074
67. 建立一个牢不可破的标准 / 075
68. 齿轮理论 / 076
69. 建设性恶习 / 077
70. 互联网仪式 / 078
71. 用习惯做实验 / 079

第 6 章
生产效率黑洞

72. 外包 / 082
73. 关闭自动消息 / 083
74. 双流理论 / 084
75. 批量处理 / 085
76. 避免接触懒惰的人 / 086
77. 信息节食 / 087
78. 习惯现在就做 / 088
79. 寻找指数报酬 / 089
80. 速读 / 090
81. 整体学习 / 091
82. 用书写来解决问题 / 092

83. 学习清单 / 093
84. 忠言逆耳 / 094
85. 感官剥夺 / 095

第7章
做对的工作

86. 六步走 / 098
87. 知道你想要什么 / 099
88. 将计划和实施分开 / 100
89. 测量 / 101
90. 实验 / 102
91. 日程记录 / 103
92. 帕累托定律 / 104
93. 停止清单 / 105
94. 迅速失败 / 106
95. 条理 VS 成就 / 107
96. 做一只刺猬 / 108
97. 努力工作并不重要 / 109
98. 计算你的附加值 / 110
99. 有目的地提高生产效率 / 111

关于作者 / 112

THE LITTLE BOOK
OF PRODUCTIVITY

第 1 章

克服拖延症

1. 周 / 日目标

列周 / 日目标是我发现的一个对抗懒惰特别行之有效的方法。这个方法很简单:

1. 每周最后一天,列出你下一周想要完成的工作。
2. 每天结束时,把一些周目标工作挪到新的日目标列表上,这些是你下一天要完成的目标。
3. 一旦完成了日目标,那么这一天就停止工作吧。

周 / 日目标之所以有效是因为它把你要办的数不完的事分解开来了。你不是要一下子完成所有的事,而是要每天完成一定数量的任务。通过将大量任务拆分成每天的任务量,你会更容易说服自己投入工作。

列出周 / 日目标能让你纳入一些不紧迫但是重要的事情。周目标会让你专注于大的规划,而每日目标则会让你远离压力,轻松面对。

2. 限定时间

设定一个时间。在任务完成之前或时间用完之前不许停止工作。这就是限制时间的本质，要想提高生产效率，必须面对这种"残酷"的考验。

限定时间可以从两方面击退你内心的拖延恶魔：

1. 时间短（30～90分钟最为理想）：这比好几个小时连续工作让人更容易接受。
2. 紧迫感：想在规定时间完成的唯一方法就是尽快做完你接到的任务，限定时间会刺激你加快速度。

限定时间的真正好处在于你会一直工作到超过设定的时间。一旦你为一个任务或项目注入动力，你就会更易持续工作。限定时间是你开始工作的第一推动力。

下一次你不想工作的时候，就设一个90分钟的"时间盒子。"清理你的桌子，关掉收件箱，专心工作90分钟。

3. 分解任务

不明确的大型任务是滋生拖延症的温床。为了尽快开始,你需要知道下一步该做什么。将大的任务分解成易于行动的小任务。

你的任务列表必须将接下来60秒该做什么都写得清清楚楚。分解那些你以前从未做过的非常规的任务。如果你从未给一项新的生意准备纳税申报表,那你做起来肯定十分困难。然而,如果你将它分解成几个具体步骤:收集文件、打印收益表、填几个表格……那就容易许多了。

- 分解你不喜欢做的任务。如果你讨厌写文章,却需要完成一份学期论文,那么只在任务表上"写文章"这三个字绝不会激励你完成这件事。反而是将这个任务分解成小的步骤才更容易完成,如"选题"-"找研究材料"-"作注释"-"写论点",类似的任务也可以这样来拆分。

- 分解那些没有明确截止时间的任务。"整理文件柜"可以在15分钟内快速搞定,也可以花费十几个小时进行分类和相互对照。没有一个清晰的组织计划,这个任务很容易被永远搁置下去。

4. 短跑理论

掌握短跑理论是进行自律的关键。研究表明，意志力并不仅仅是一种精神状态，还是一种能被"用光"又可"充电"的类似汽车电池的资源。你拖延的时候，并不是因为你"懒惰"，而是因为你的内部能量源即将消耗殆尽。

短跑理论通过鼓励你专注完成时间表上的事情来解决这一问题，而这些事情需要一定的纪律和约束才能完成。短跑100米和跑马拉松的关注点是完全不同的。如果在马拉松中短跑，那你只能坚持几公里而已。

要想应用短跑理论，首先应试着找找哪些任务可以适用。接下来，是选定一些纪律性很强的任务。然后，在你设定时间表的时候，关注这个范围。它会帮你避免太早消耗完体能或是跑得太慢。例如：

1. 起床。在你再次按掉闹钟铃声之前，强迫自己清醒并保持10分钟。通常，这个时间点过后，会很容易保持住清醒的状态。
2. 习惯。坚持30天改变一个行为习惯。之后这个习惯就是永久的。
3. 创作阻碍。再坚持创作20分钟，然后休息。

5. 日程校对

做一个有关信任的练习。站起来,向后倒下去——别担心,我会接着你。

什么?你最后摔在地上,肯定很痛。这不是我的错。在你读这本书的几个月前我就写了它,现在的我们已经处于不同的节点了。

在我的恶作剧之后,你不相信我了,这完全可以**理解**,甚至以后你都很难再信赖我。尽管我们很容易理解为什么缺少信任会破坏一段关系,但我们很难明白缺乏信任是如何让人产生拖延习惯的。

如果你不相信自己要去办的事情,就会拖延。当你完成了列表上的所有事项,然后还要加一些的时候,就是在破坏信任。开始工作之前,你说列表完成的时候就算大功告成了,并以此来激励自己。但如果再加一些任务,你就会破坏这种信任,此时你很难再次激励自己。

日程校对是当你对你的待办事项有充分信任的时候所做的事。如果日程上显示有很多工作要做,你就把它们全部完成。如果已经完成,你就停下。有了这种信任,你就会避免过度工作,也不会养成懒惰的坏习惯。

6. 加强自律

练习自律就像举重。如果你是一个长期拖延者，那最后你很可能会身材走样。懒惰并不存在于你的血液中，而存在于你的肌肉里。通过练习自律，你就会建立起精神的肌肉，让你在想放弃的时刻继续前行。这里有一些方法可以帮助你行动起来：

1. 下一次你想停下工作的时候，再坚持10分钟。过了想放弃的那个门槛，就锻炼了肌肉。
2. 在思想不集中之前，搞清楚你能持续工作的时间。下一次工作的时候，坚持多做10%~20%。
3. 你的心思会在不同项目之间跳来跳去吗？给下个月设定一个目标，专注于一件事情。

估量一下当前你的自律能力如何，然后以该结果为基础，再小幅提高一下。即使你只能举起10磅，你也能通过阻力训练达到100磅。意志力同样可以帮你达到这个程度。

7. 使用咒语

咒语是你经常重复对自己说的话。通过将一个咒语和你特定的精神状态联系起来，你可以让自己进入一种高生产效率的状态。

回想一下你母亲烘焙点心时的香味（如果你的母亲并不会烘焙点心，也请跟着我想象一下）。我敢打赌只要你闻到一丝点心的气味，就会引发家的感觉。咒语就跟母亲的点心一样，有同样的作用，只是它不是那么美味罢了。

生产效率咒语需要你想出一个短语，它能让你联想到生产效率高的状态。美国著名商人、企业家、慈善家威廉·克莱门特·斯通（W. Clement Storne）创办了一个保险公司，据说他的员工任何时候想拖延，他就让他们大喊："现在就做！"（Do it Now！）

选择一个好地方，能让你一眼看见这些语录，从而刺激你提高生产效率。把它们设置成你的桌面背景图或者屏保，这样一来，每当你想拖延的时候一下子就能看见它了。

8. 根除潜在的绊脚石

试着在含盐量高的土壤里种植物，这样是结不出果实的。你可以试着浇水，平衡在阴凉处和阳光下的时间或是使用工业肥料。但所有这些园艺技能都抵不过一个事实，那就是你的植物从根部吸入了毒素。

如果你已想尽一切办法克服拖延，但仍然无法调动起自己的积极性，那问题就可能出在"土壤"上。如果激发你内心积极性的目标和愿望都被埋在盐里，喊"现在就做"和限制时间都是徒劳无效的。

长期的拖延习惯更加值得警醒。当我遇到这种情况时，我会问自己一些问题来检验"土壤"的好坏：

1. 我专注实现的目标还能激励我吗？
2. 我想要生产效率高的原因对我还有意义吗？
3. 我是不是把"生产效率"当作借口来回避真正的恐惧和梦想？

更换土壤需要在你开始提升生产效率技能，增加工业肥料之前进行。

9. 动力催化剂

让我们重温中学的化学课。还记得催化剂吗？催化剂是一种加速反应的化学物质，但其自身不会发生反应。它是中间人、仲裁者、交易人。催化剂降低了一个反应所需要的激活成本。不用弄脏衣服和领带，催化剂就能让事情发生。

动力催化剂减少了反应开始的激活成本，节省了你开始行动所需要的能量。尽管反应可以自行发生，但催化剂加速了整个过程。下面是一些催化剂的例子：

1. 把你的目标列成一个表。我经常把我的目标列表放在电脑桌面上，在需要的时候，它总是会给我带来动力。
2. 做出公开承诺。当你计划要做成某事时，把它告诉你的老板、同事或者一个朋友，产生的压力会让你保持动力。
3. 便利贴。把你的想法写在便利贴上，放在你的家里。它们会提醒你需要做的事。

10. 搅拌

搅拌是生产垃圾的艺术。快速地写出这句话并不是你最佳的品质。如果你觉得免费还不能送出去你的产品，你可以打电话推销。即使你做出来的东西都那么丑，但还是要完成你的设计。如果你想克服拖延症，就要学习搅拌。

你的大脑有点儿像一台旧的水泵，你要用曲柄努力使水位上下变化来取出水。不幸的是，有时候水卡在管子内部，离出水口还很远。这些水是棕色的，还有铁锈味，非常难喝。这个时候，解决办法并不是停止抽水，而是先把垃圾抽出来。即便你想出了很多糟糕的点子，也不要因为质量不好就停止去想。这些污水最终会从整个系统中抽出，然后你就能发现藏在底下的净水了。只有搅拌了足够的垃圾，你才会开始创造伟大的作品。

你要接受在你搅拌的时候，你不得不扔掉大部分质量不好的作品。降低质量标准，然后预想着你最终会丢弃掉大部分成果。我发现，进入一种搅拌模式会在几分钟后就让我远离创作阻碍。

11. 营造一个不会分心的工作场所

拖延者喜欢分心。任何事情都会占据你的心，所以就算在最后你什么都没做，也不用觉得内疚。热衷于生产效率的人都知道，避免拖延的关键就是不分心。下面是一些初级方法：

1. 电脑上。关掉收件箱，隐藏弹出窗口，必要的时候关掉网络。工作文件是你电脑屏幕上唯一出现的东西。
2. 书桌上。清理掉任何在你工作时能吸引你注意力的东西。
3. 屏蔽"噪声"。在门上贴一个"禁止打扰"的标签，并不惜以死来威胁任何一个试图闯入，影响你独处的人。
4. 让人们知道你的"专注"时间。我写作的时候无法分心，一个电话就能让我的思维中断 15 分钟。但是相比写作，网站维护就不需要这样高的专注度。让人们知道你的"专注"时间，他们就会选择在更合适的时间给你打电话或者跟你见面。

12. 拒绝"应该"

"应该"是不会激励你的,它只会在你不工作的时候让你感到内疚。我把自己的事情尽量归为两类,"想要做"和"不去做"。任何一个归为第三类"应该做"的事情都是非常痛苦的。

我建议,把你完成一个目标或专注做一个工作的原因列出来,这样做你会在任何一件"应该做"的事情出现时看到它。有时候这意味着你现在正在做的事情是一个中间阶段。也许你为了以后的事业正在做一个不喜欢的工作,也许为了得到一个学位而写一篇很讨厌的文章。

如果能够找到具体的任务与目标之间的强关联(哪怕是间接的),我们很容易就能完成任务。当然,如果一个任务属于"应该做"的行列,但跟你的主要目标没有什么联系,那你就直接把它归入"不去做"的行列吧。

13. 预备、射击、瞄准

每个人都对"预备、瞄准、射击"的过程很熟悉，它的意思是获取资源，列出计划然后采取行动。然而，人们很容易在瞄准阶段遇到困难。如果你对采取的行动并不是很明确，那就一直做计划吧。

预备、射击、瞄准是完全相反的过程，它意味着先采取行动，然后纠正方法。在筹划提升之前先专注完成初步计划。

如果能收到反馈，就会瞄得更准。如果你计划做一个新的设计，把它交给你的用户，你就会很容易看见这个设计的缺点。你可以一开始就尽全力去做一些有可能会做不好的事情，也可以先完成再评估，后者是更简单可行的方法。一旦有了准确的反馈，你就能减少计划的时间，从而采取行动，进入到下一个循环。

极限编程的倡导者们使用"预备、射击、瞄准"的方法来有效地设计程序，这样就会避免设计一些笨重、庞大的程序出来。

14. 摒弃拖延恶习

每个人都有拖延的恶习。坏习惯往往只会偷走时间,而没有任何好处。你的拖延恶习可能是看电视、玩电子游戏或者漫无目的地上网。彻底摒弃这些习惯,你就能把节省的时间重新投入到真正感兴趣的事情上面。

戒掉这些习惯并不是切掉你生活乐趣的来源。如果你喜欢每周看一档固定的电视节目,戒掉之后节省30分钟也没有什么太大意义。但是,并不是每个恶习都是这样。大多数人看电视都是因为舒适、不费劲,并不是因为电视能给他们的生活带来什么。

把占据你很多时间但没有什么价值的事情列一个表。然后尽力做到下面两点之一:

1. 彻底根除这个习惯。
2. 压缩这个习惯,谨慎行事。如果你真的很喜欢一档电视节目,可以考虑把它录下来,否则,直接关掉电视。

THE LITTLE BOOK OF PRODUCTIVITY

第 2 章

做事更有条理

15. 条理性是一种技能

许多人认为做事有条理是一个人的个性问题。真正有条理的人大脑线路异于常人，他们被迫拥有整齐存放的文件夹和记住截止期限与待办事项的记忆力。这简直荒谬。条理性是一种可以学习的技能。

如果条理性是个性问题，它绝不是我与生俱来的。我天生的生活状态几乎是混乱的，地板用来放置物品，盒子用来装文件。如果我可以从一个懒汉变成一个有条理的人，那我猜你也可以。

条理性要靠专门的设计和保持。如果你有一个设计精良的组织系统（这个系统散乱的人无法做出来），你就能花很少的力气把一切保持得井井有条。定期的维护是必要的，因为就算有几乎完美的系统，也会有偶尔的突发事件打乱它。

16. 少点儿混乱，少点儿压力

条理性与生产效率的关系极其微弱。我知道很多生产效率很高的人，他们经常把东西搞得一团糟。条理性的真正目的在于减少记住所有事情所需要的脑力。如果你没有一个系统让所有事情都井井有条，你就需要用脑子把这些都记住。然而，你的头脑并非那么可靠。

学习条理性技巧意味着接受"少点儿混乱，少点儿压力"的哲学思想。这说明组织有两个前提条件：

1. 你的物理环境。让事物都排列有序，仅仅整齐是不够的。给每个物品一个规定好的地方，避免杂乱无章。
2. 你的任务和工作。有一个知道如何处理待办事项的有组织的系统、日历和计划会帮你减轻许多压力。当你的组织系统把一切事情都安排得妥妥当当的时候，你可以专注工作，不用随时记住接下来要做什么。

17. 捕捉装置

这条建议出自热衷条理性的人们奉为圣经的《搞定》（Get things done，GTD）。捕捉装置是一种无论何时都能记录事情、想法、项目、任务或者通知的方法。如果你穿了裤子，那么你就有条件携带可以防卫的捕捉装置。

我的捕捉装置是口袋里几张4×6尺寸的卡片和一支笔。无论什么时候我想记下接收到的信息，我都会写在纸上。回到家，我就会把这些信息誊到更精密的储存信息的系统中。

捕捉装置是解除记忆压力的首要方法。如果你在哪都有一个捕捉装置，那你就不会忘记任何事。善记笔记的能力可以让你避免不慎遗忘时间、后续要求或新的待办事情。

拥有一个捕捉装置也是尊重他人的体现。相比那些只是说"我会再和你联系"的人，我会更尊敬那些有具体书面要求的人。上面提到的那种卡片只要花费不到1美元即可，所以你不必利用一些炫酷的技术来让自己持续前进。

18. 给所有东西规定放置的地方

要做到有条理，关键是给每个东西规定一个放置的地方。家里的每一个物品都应该放在该放的地方。每一项任务、事情和项目都应该在你的系统里有一席之地，等待着你来处理。混乱就是由一些无处放置的东西不断堆放引起的。

你可以通过检查你现有的系统，然后把一些没地方放的东西收起来开始变得有条理。这个得花一整天甚至两天才能完成，不过一旦搞定，保持起来就容易许多了。

一旦你有了自己的屋子，如果一些类别模糊不清的东西不能被快速地收置起来，屋子就会混乱。有些东西不能明确地归为某一类，比如你有一个文件夹专门放收据收条，另外一个专门放收入和收益。那银行账单该放到哪一个文件夹里呢？

有两个选择可以解决这个问题。如果你觉得这个东西不经常出现，你可以把它放在相关类别里面。如果它时常新增，那就找另外一个地方放起来。如果你会收到很多银行账单，你可以用一个全新的以"银行"命名的文件夹，这个文件夹可以放许多类似的文件。

19. 简单的组织系统

在过去的几年中，我一直在用一个非常有用的组织系统。我称它为"简单的组织系统"，因为它把我所有的工作信息分成三类。GTD（Get Things Done，把事情完成）有很多分类，但很多是大部分人不需要的。

我的这三大类是项目、任务和活动。几乎所有我需要记录的都属于这三大类中的一类。至于那1%无法归入的特殊情况，我专门做了一个杂项的表来收集这些随机的想法。

维护这三大类相对容易。如果你有5个、6个甚至12个类别，你也许不会定期检查任何一类。然而这样的话，这些类别很容易被遗忘，也不再发挥作用。因为我定期检查，所以我的这三类非常有用。在我需要的时候它们立刻能帮助我，而且不会废弃不用。

这个方法很重要，所以接下来我会逐一探讨每一个类别。

20. 简单的组织系统：项目

第一个大类是项目，一个项目是有共同目标的许多个任务的集合。任务缺乏结构，在工作的海洋里，它们像是游来游去却没有脊骨或复杂的神经系统的水母。但项目不同。有了项目，任务被集合在一起，突出了某些事情的重要性。写一本书是一个项目，写其中的一页就是任务。

我用一些小纸条来细化我的项目。这些纸条概述了我理想的结果和为了完成结果需要做的任务。完成项目而非任务是十分重要的，所以我更加注重灵活性。如果我决定不在书里写某一章，我就可以不写。一个任务的牺牲可以换来整个项目的完成。

项目相对稳定，不会因为新的信息而被快速更新。所以，项目可以帮助你规划未来几周甚至几个月的生活。因此，在我的系统的三大类中，项目是更新最少的。

21. 简单的组织系统：任务

第二个大类是任务，就是具体要去做的事。任务是一些需要完成的比较小的、独立的行动。任务有三个部分，总体待办事项、周目标和日目标。总体的待办事项包含那些既不属于项目也不属于活动。周目标和日目标是我主动要去做的事情，这在第 1 章开头就提到过。

这个系统的所有部分归结起来就是任务。每周，项目会把具体的任务分配到每周的待办事项上。活动也会在每晚分配到每天的待办事项中去。每日目标是我每天唯一需要检查的内容。

任何没有项目的任务我都会把它归为总体的待办事项。每周它们会随项目工作一起被分配到周工作列表中去。如果这周就要完成一个新的任务，我就会把它调整到周列表。如果这个任务这一天就要完成，那就直接归入日工作列表。

我在网上用 Tadalist（一个列表工具）做这三个待办事情列表。我经常上网，所以可以定期检查。你可以在 http://tadalist.com 上获取一个免费的 Tadalist 账号。

22. 简单的组织系统：活动

我的"组织三脚架"最后的一条腿，也就是第三个大类——活动，它是一些只能在特定时间干的事。尽管我的待办事项可以在任何时候做完，但是活动常常有时间限制。如果我跟保罗约好 12 点吃午餐，那 14:30 吃就是不可以的。

我有一个日历来记录活动。如果活动日快要到了，我就会把这个活动从日历移到我的每日工作列表上去。我不会把它放在周列表中，这样可以避免周列表上的事情太多，看不过来。我的日工作列表都是一些孤立的任务，包含了所有当天要完成的项目和活动。

谷歌日历是我经常用来记录活动的方式。不仅仅因为它免费，而且只要有网络，它就可以使用，特点非常鲜明。你可以记录任何不能在纸质日历上注明的地点、解释说明，时间和细节。你还可以利用多个日历把你的活动分成好几大类，并在 http://google.com/calendar 获取一个免费账号。

23. 写出你的目标

和项目一样，写出目标也是十分重要的，光用头脑记住是不利于完成目标的。将目标写下来有几个好处：

1. 让目标不被遗忘。
2. 给你动力去完成目标。
3. 可以让你有一些模糊的想法，并把它们变成具体的目标。

我把我的目标和项目都放在一个夹子里，而且我更喜欢用纸来写下目标是因为这样更具体，更加切实可行。拿着一个亲手写下的目标如同拿着对自己许下的一份契约。

当你完成了哪一个目标，可以在纸上对照着看，然后把它放入夹子的另外一个地方。已经完成的目标会带给你巨大的动力，快速浏览它们会让你有信心完成更多的目标。但是在那之前，得先把目标写下来才行！

24. 分支法

我的组织哲学是分支法。我相信人无法提前设计一个完美的组织系统。人的生活在变，信息的种类和设定的目标也随之变化。与其寻找"完美的"系统，不如建立一个能随时适应新变化的系统。

分支法就是这样一个系统。有了它，你要定期检查你的组织系统。检查的时候注意这几件事情：

1. 有没有哪些类别里面包含了太多东西？如果有，把它分成小的类别。
2. 有没有哪些类别没有用过？把它归入一个相关的类。不过，如果这个类别经常需要检查（待办事项、日历、文件），加进去太多东西有点危险。
3. 有没有可以建立的新类别？如果你有新的工作，你可以建立一些以前没的类别。单独分开它们，避免跟已有的系统混在一起。

25. 通信记录

通信记录是你的组织系统中一个可额外增加的可选择类别。我说它可选择是因为有些人并不需要：一个学生可能不会保存过去几个月的邮件来往记录，但一个电话销售和售后服务员就会这样做。

基本的通信记录格式是把你联系的每个人或组织的通信信息分别写在一张纸上，可以按照日期、时间、联系方法、联系人姓名和通信内容分成不同的列。你在任何时候与记录上的某一个人谈话，都可以在指定的表格里记下信息。

通信记录有用，是因为：

1. 看你的承诺是否实现。你在做曾经许诺要做的事情吗？
2. 查看联系的时间。还在等回复？你可以看一下你的通信记录，找找上一次联系的日期来判断是否要再发一封邮件。
3. 把通信记录归入你的组织系统。它会提醒你上面的任何新信息都可以归入你的任务和活动列表中。

26. 做你承诺过的事

这条建议包含了许多保持条理性的步骤。我猜至少60%保证做却没做到的事情都是因为忘记了，而不是因为做不到。比如有人问你件事，你忘记回复了。他发了邮件给你，但那封邮件就躺在你的收件箱内。

想要变得更可靠，第一步是记录你的捕获装置上所有的话。如果有人跟你要什么，你首先应该写下来。在谈话的时候，我不会让任何行动进入到我短期的记忆里面。对于这条规则，我唯一的经验就是把这个条目直接归入我的任务、活动或项目类别里。

下一步就是保证一些模糊不清的条目可以归入你的周和日目标中。假设你答应给某人发一个报告，但并没有说明具体的时间。那么你应该给自己设一个时间线来完成这件事，把它加进你的日目标、周目标或是日历里。这样你就能够保证它最终出现在你最新的任务列表中。如果你的系统没有这个功能，那这件事情很容易无限拖延下去。在跟你共事的人眼中，经常性的拖延可是像不守信用一样糟糕。

27. 整齐 VS 有条理

整齐和有条理还是有一些差别的。当你的书桌非常杂乱的时候，你可以让它变得干净整洁。而有条理并不是该表面现象，它该是一个让你找到东西和储存东西都变得容易的系统。

你也许还记得小时候的这些片段：父母让你清理房间，然后你就开始打扫床下的所有东西。房间看起来干净了，但并没有条理。成年人也很容易陷入这个陷阱之中，尽管你并不是清扫文件柜底下的杂物，而是单纯的整理。但条理性是一个系统。这就意味着要想有条理，你可以：

1. 把新的东西放在该放的地方。包括无形的东西，比如任务和重要的信息。
2. 找到你需要的东西不能花费太长时间。花几小时找一个东西就是没有条理性的标志。

28. 阅读笔记

怎么整理你学到的东西？对大学生来说，他们可能已经有了一套做笔记和划重点的系统。一旦毕业，你怎样让你得到的知识和想法显著和突出呢？

我发现，在阅读的时候，用活页夹来记笔记是一个有用的方法。这样可以在读一本书时记录一些好的思想、语句和有趣的信息。虽然不需要考试，记笔记看起来有些呆板，但用笔记本从几个方面来说都是有用的：

1. 它帮助你抓住一本书的核心思想。如果你想回头去看这本书，找出关键信息，你只需浏览 2 ~ 4 页笔记，而不是 200 ~ 400 页的书。
2. 它比书页折角和画下划线快。在书上做笔记是很快的，但事后你想查看起来就慢得多了。在笔记本上记录可以让你更快地回忆书上内容。
3. 你的记忆不是完美的。我发现，一本书上的知识只能在我的头脑中活跃一个月左右。笔记本却可以充当一个恢复记忆的工具。

29. 数字条理性

让你的硬盘有条理，有很多种方法。尽管网上有很多文章介绍了一个又一个系统，但它们的原则是一样的：给每个东西一个放置的地方，定期维护，并寻找变化。

数字文件保存起来有几点需要留心：

1. 数字存储几乎是无限的。随着硬盘的费用越来越便宜，删除什么东西变得毫无压力。但新旧文件混在一起的时候，就会令人付出不小的代价。我建议定期清理不需要的文件，并且把档案和常用文件分开。
2. 分支非常容易。数字文件根据用途来拆分和合并文件夹是十分容易的。当你开始注意到一个文件夹特别杂乱的时候，把它分成几个不同的文件夹。如果一个文件夹很少被用到，请把它和另外一个合并。记住，清除不用的文件，否则你的文件夹将会不受控制地分下去。

第3章 保持活力

30. 晨礼

早晨是很多人头疼的时候。有些人在完全清醒之前要花 90 分钟并喝上好几杯咖啡才行。我有同感是因为我骨子里天生没有早起和克服酒醉的基因。但是，有了晨礼，早晨就变成了一个给一整天增加活力的时刻。

晨礼是你醒来后 30 ~ 60 分钟内持续不断地进行的一系列活动，你可以在每天醒来后花同样的时间重复同样的动作来进行它。一旦你适应了，它就会替换掉你现在的习惯，让你的起床不再那么困难。

我建议每天增加一些锻炼。俯卧撑、跑步或是去健身房会比冲个澡更有效。我还发现，早晨应该避免过度的脑力活动。阅读和看电视就比写作和其他创造性活动轻松多了。

每天同一时间起床是理想的，但这不容易，因为各种各样的事情会使得你较晚入睡，第二天早上起床就更加困难。但是，你可以训练自己在前一晚上决定的时间起床。这件事做好了，你就可以更好地把握明天。

31. 休一天假

当我决定工作6天而不是7天的时候，我的工作效率就会飞速提升。尽管工作完成的时间变短了，但我完成的能力提高了。休一天假，能够让我给一周内耗尽的电池重新充电。

如果你不忙碌的话，休一天假听起来很棒。但如果你知道即将到来的一周会非常忙的话，给自己放一天假就要注意很多纪律。这是生产效率建议中听起来很容易的一个，但很少有人亲身实践。

如果你每周都能休一天假，那保持起来不难。我从7天工作日变成6天，结果生产效率提高了。这样过了几个月之后，就算再忙，我也不会进入到工作狂模式。

奇怪的是，休一天假也能有效对抗拖延症。经常过度劳累跟拖延有很大关系。当你筋疲力尽的时候，你的身体就会把拖延当成一种防卫。休一天假，能让你在一周内疲劳的大脑重新焕发活力。

32. 日常运动

没有什么能比运动投资带来的回报大。不幸的是，在忙碌的生活中，运动是绝大多数人首先放弃的事情。时间有限的时候，花一小时在体育馆或是室外跑步都会觉得很可笑。但是，偶尔不运动会变成几个月不运动，然后很快，你就完全不再运动了。

有限的是精力，不是时间。就算你工作了16个小时，如果你还有精力，完全可以更有效率一些。疲惫的时候用两个小时完成的任务，可以在清醒的时候用40分钟完成。运动可以增加你的精力，所以工作的时候更有效率。

对生产效率迷们来说，运动不是要变成肌肉男或是一个马拉松选手，增加运动的一个很简单的方法就是晨跑。只需要在你的晨礼中增加20分钟的慢跑就好了。如果你早起20分钟，不会用掉你一天的任何时间，而得到的精力是值得的。

如果你已经开始运动，建议把这项投资升级。我试着将有氧运动和无氧运动结合起来。将运动看作是把你现在跑步用的5号电池换成1号电池。

33. 为体能进食

我不用非得告诉你健康的饮食都有什么——少油、少肉、多吃蔬菜和主食。吃得健康对保持体能很重要。如果只是在标准美国饮食结构的基础上略加改变，那你可能吃得仍不太理想。

血糖的高低水平对保持体能很重要。你吃的每种食物都有对应的血糖值，这个值用来测量你多久才能吸收和利用食物中的糖分。血糖值高值意味着你吃的食物很快就会转化成体能。如果你想短跑，这很有利，但对于一般的 8 小时工作日，这很糟糕。去吃低血糖值的全谷物食物吧。它们释放热量的速度比较慢，所以你不会经历含糖食物快速消耗的那种冲击。

一天内多吃几顿，但每顿少吃点。每天 4 ~ 6 顿饭能保证稳定供给身体所需的体能，而不是 2 ~ 3 顿。我发现，做一顿饭（比如晚餐），然后在两个不同的时间段吃（一次在 17:00，一次在 20:30）是很有用的。这样你不用增加食物准备的时间，还能拥有更平稳的营养摄取。

34. 让你的时间头重脚轻

一个头重脚轻的笑话就是前面铺垫了很多，结尾只有一句很短的警句。一个头重脚轻的建筑就是上层比底部更重。一个头重脚轻的日程意味着最难办、最花时间、最令人头疼的任务往往最先处理。这种方法可以通过先解决最难的工作，从而让你的精力保持旺盛。

一个脚重头轻的日程表是恰恰相反的。有这样的日程表的人往往会拖延做自己最不喜欢的工作。他们会把难做的、花费时间长的、费脑的工作放在最后做，而倾向于先干一些像处理邮件这样的简单工作。这样的结果就是，还没做最重要的工作人们就已经疲惫不堪了。

如果你用周/日目标系统，有两种情况会使你的时间头重脚轻。第一种基于日目标层面。把你这一天最重要的工作放在晨礼之后。晨礼要给你处理这些工作的精力。第二种是你也可以按周目标系统来安排，如果周日休息的话，把更多的工作放在周一而不是周五或周六。

头重脚轻的工作安排有很多好处。当你在早上完成了最难啃的任务之后，就算累了，也有信心来处理其他的小事情。

35. 按周期工作

周期循环是能量管理的关键。你的身体应该按照"休息一恢复"的周期来工作。把工作看作一系列的短跑，而不是马拉松，会让你保持更加旺盛的精力。

校对对能量管理十分重要。回忆第 1 章，日程安排的校对就是在你完成每日或每周的工作列表时就停止工作。校对也鼓励按周期来工作。因为它要求你完全放松之后立马投入新一轮紧张的工作。

保持周期性的另一个方法是首先指定一个休息时间。给自己定一个规则，那就是无论什么事，都要有星期天（或一周的另外一天）。每晚给自己分出一些时间不去想工作的事情。通过把你的工作限制在一个更狭小的范围内，你就会被迫按周期来工作了。

能量管理是一个大的主题。如果大家想了解更多有关按周期工作的知识，我建议阅读《全力以赴》。

36. 关闭开环

开环是生产力魔鬼。开环是指一个没有明确停止点的任务。如果你没有一个停止点,你就不会按周期工作。拖延、过度疲劳、工作马虎都是开环所带来的后果。看下面几个待办事项:

1. 写博客。
2. 给博客写4篇文章,回复评论,增加一个新程序。

第一件就是一个开环。你怎么知道什么时候可以做完它呢?我们可以用一个新的视角来看开环事件,就是将它闭合。对于你什么时候将博客写完设定一个明确的时间节点(至少是这一周)。

几个普遍的开环包括:

1. 为考试而学习。
2. 为项目做研究。
3. 修改粗糙的草图。
4. 开一个组团会议。

37. 多任务处理：第八宗罪

多个任务的处理在罪行上应该放在懒惰的后面，暴饮暴食的前面。哎，圣经时代没有办法应对诸如 Twitter 和 StumbleUpon（一个浏览器插件，装上它，你的浏览器会出现耳目一新的网页）这样的现代恶习。多任务处理会让人变笨。研究表明，同时处理多个任务会比吸食大麻更能降低人的智商。

在完成一个任务的时候，你应该把全部注意力都集中到这个任务上去。

人的注意力是有限的，所以，如果你把注意力投入到多个地方，你就会崩溃，而专注于一个任务会让你的精力沉浸为"心流"。"心流"是当你将每个精神资源都投入到一个任务上去，而达到忘我的一种精神状态。如果你一边写代码，一边讲电话，还要处理邮件，就无法产生"心流"了。

如果你的职位要求你进行多方面的沟通，我建议给自己留出一定的"独处"时间，不要让别人打扰你。贴一个标签，不惜以武力威胁别人不要进入你的空间。这样做可以给自己留出一部分时间，不用被迫去完成多个任务。

38. 15 分钟法则

15 分钟是你对抗临时消沉所需要的全部时间。15 分钟法则是说在任何你想放弃的时候，再多做 15 分钟。人的精力是上下波动的，难做的工作会榨干你的精力。通常，再坚持 15 分钟，你就会度过这个艰难的时期，恢复精神。

使用 15 分钟法则还会提升你的自律能力。自律就像是你的精力耗尽时的后备燃料库。再坚持 15 分钟能帮你对抗消沉。

坚持 15 分钟后，不妨停下来休息一会儿。你可以做另外一件事，或者只是暂时停止工作。如果 15 分钟后不恢复体力，你很可能会经历一个比你预想中更大的阻碍。把注意力暂时移开，重新出发时才会有新的不一样的视角。

39. 喝水

你的身体中有 2/3 是水，如果一整天不补充水分，就算不渴也会感到疲倦。吃东西（尤其是大部分快餐）只会暂时增加你的血糖值。吃完 20～30 分钟后，你的能量会随着身体的过度补偿再次耗尽，平衡了多余的碳水化合物。

水并不存在这样的问题，所以它是每顿饭之间保持体能的良好选择。咖啡因是很受欢迎的"能量"来源，但我并不经常使用。因为喝多了会上瘾，而且会导致人精力不集中。咖啡因还是一种利尿剂，它会使你的身体失去水分。含咖啡因的饮料不应该代替简单的水。

水在运动中是相当重要的。去体育馆一定要随身携带水杯，光靠饮水机是不可能保持身体的水分的。运动增加体能，但它往往迫使你要喝更多的水。

试着在你的办公桌上放一杯水。在你休息的时候，它会让你更容易就喝到水。缺水比过度补水更容易，所以定期检查你的杯子，把它装满水。

40. 给你的动力再次充电

动力是能量最重要的形式。如果你情绪低落，不管早上跑多远或者做多少个俯卧撑都没有用。但是，长年累月地保持动力是很难的。挫折、停滞和批评都会影响你进步的速度。定期给动力充电是十分重要的，这样我们就可以接触到能量源。

保持动力的最好方法就是回顾你的目标。看看你的进步，阅读一下你当初设立这些目标的原因。重新想起自己原本的目标能够对抗任何暂时的挫折。失去一个合同或者进展缓慢的一个月，比起财务自由、健康和事业成功的蓝图就显得不那么重要了。

如果回想目标并不能激励你，那说明你选择了错误的目标，无论是一开始就错了还是这些目标对你不再重要。总之，目标可以成为能量的来源。所以，别忘了下一次情绪低落的时候给你的动力再充电。

41. 保持敏锐

身体健康对能量非常重要。如果你超重了20磅，就会像是走到哪儿都带着一件20磅重的东西。虽然我已经谈过了饮食和运动对能量水平的重要性，但它们的作用不能被忽视。

心理健康是保持体能的另外一个因素。如果你的精神饮食不够好，虽然精神的肌肉很难看见，但你的体能会下降。也许你感受不到身体上的疲惫，但你的头脑会运行缓慢，想法很少，而且解决不了什么问题。

从改变你的精神饮食开始吧。摒弃那些不能给你提供新想法的信息源。那些一直给你提供陈旧产品的报纸、网站和人都应该被替换掉。阅读各种各样的书籍，并且观看那些给你新想法的节目。

进行脑力训练。我把经常性地投入到某种形式的学习作为一个习惯。它可以是上舞蹈课，学习一种新的程序语言或者在网上学习麻省理工学院的免费课程。别把你的工作当成学习。就算你在工作中可能会学到一些新东西，但这个关注点太过狭窄，无法体会到脑力训练的益处。

42. 工作／娱乐时间表

能量管理包含工作和休息的周期循环。这些循环能帮助你保持体能,而这点是时间管理常常会忽视的。根据这个思路,12 小时的工作日并不比高度专注的 6 小时工作日有价值。

然而,这个思路带来的反作用就是被误解为任何时候想休息的时候就休息。你应该回应身体休息和运动的需求,所以想休息就休息不对吗?当你觉得累了你不应该休息吗?有体能的时候再工作不就行了?

想象一下,如果一个奥运会运动员用这种方法,那他一定拿不到金牌。运动员依靠休息／拉力的循环来练肌肉和锻炼自己的忍耐力,他们遵循着严格的运动和复原的时间表。

类似的,你也需要把自己看作是一个工作场所的奥林匹克选手。按照你的每日和每周目标列表来决定什么时候继续,什么时候停止。放任自流不会让你更有效率,它只会让你变得懒惰。

43. 平衡创造力

不同的活动要求不同的思维模式。假如要写一篇文章，那我的心理状态跟我画画或发邮件时的心理状态是不一样的。每一个活动都以不同的方式消耗你的体力。如果你学会平衡使用创造力，那你的生产效率会达到最高值。

这好比是举重。如果你去健身房，立刻就做了100个俯卧撑，你的胸肌和胳膊会非常累。接下来你不会再有相同的体力去做仰卧推举。但是，你的腿部肌肉很可能状况良好，所以你可以毫不费力地跑步或做深蹲。

如果注意到我做某项特殊任务时体能很低，我就试着平衡创造力。我不会全部放弃不做（尤其是我的每日目标没有完成时），而是查看我的任务列表，找一些使用不同"肌肉"的任务来做。如果我写作写累了，我会转而去打电话。

你可能会做得太过了，骑行得太快反而会让你没机会充分锻炼出"肌肉"来把工作做好。当你感觉累了的时候，进行适度的自行车运动反而会激发你的体能水平。

第 4 章

把事情完成

44. 完成项目，而不是完成任务

生产力不是由你做了多少工作来衡量，而是看你真正完成了多少。你不用每天都忙忙碌碌，而应该把每一件具体的事都归入一个更大的框架或蓝图之中。否则，你只是在浪费时间，忙碌，却没有成效。

着眼于项目而不是任务是避免该困境的一个方法。项目是比任务更高的一种形态。任务多变，又没有条理或是大的目标，而项目有一定的结构和具体的目的。完成一个大的项目往往要比完成一个20分钟的任务回报大得多。

在我所写的"简单的组织系统"中，我第一个重点关注的就是项目。尽管任务和具体的活动也很重要，但它们不应该消耗掉你生命的全部。我们应该把重心放在完成整个项目上。你的目标应该贯穿于项目的始终，而不仅仅围绕项目中一个个小的任务上。

如果你想了解更多的关于把项目作为重点的好处，我建议去读卡尔·纽波特的绝妙指南——《完成的艺术》。

45. 设定最后期限

如果你所在国家的政府运转没有预算，你会感觉如何？政客们花钱，从来都只会考虑自己，而不会考虑债务、税收或是社会福利。我猜想你不会对此感到高兴的。你也许会说他们简直是一群恶棍。在这个时候，预算就很有必要了，因为预算能够控制花费。

最后期限就是你时间上的预算。没有它，计划就会变成恶魔来侵蚀你的时间，让你迟迟无法完成。不好完成的任务往往做一半就丢在一边，目标看起来越来越远。最后期限就是把这个计划对你的价值做时间上的限定。没有它，你在花费时间时只会一时冲动，而不会深思熟虑，做好决定。

所有的项目和任务都应该有最后期限。除了给一个完整的项目设定最后期限，我还会给重要项目的每一个阶段设定最后期限。这些期限保证我专注于完成事情，而不仅仅是做事情。不在我每周和每日目标列表上的任务，我也会设定最后期限。

把最后期限写下来。如果它只是你脑子里的一个想法，那么当你需要它的时候，它不会激励你。把它写在纸上，你就能在刚一分心的时候注意到它。

46. 每周回顾

每7天给自己90分钟的独立思考时间。不放音乐，不看电视，不玩手机，不收发电子邮件。就你自己。每周回顾能确保你付出的努力都是值得的，而不仅仅是让自己忙碌。

我总在休息日做每周回顾。这不仅让我有时间思考清楚，而且不用上班，能得以休息。回顾总结往往需要一个不同于上班的心境，所以，把它和日常工作分开是很重要的。

每周回顾应该评估一下你所做工作与最后期限的相符情况，还要评估一下你的错误和弱点有哪些。这样你就有机会在即将到来的一周内提升自己。如果你觉得最近几天没有动力，那就试着改正错误，别让坏习惯生根发芽。

我通常还会将每周目标列表和回顾结合起来做。回顾完成后，顺便决定下一周将要完成哪些计划和任务。

47. 避免硬时限

这条建议看起来跟我之前建议的设定最后期限有点矛盾。但那条建议应该说是"设定软时限"。硬时限是生产力脑残粉所用的，依靠硬时限往往会压缩日程安排，而且不好把控时间。这种方法应该被更好的方法取代。

硬时限是他人强加的期限，是任务的到期日，是老板制定的时间表，是填表格的最后时间。软时限则是自己设定的期限。你可以在正式期限之前设定一个自己的期限，将硬时限变成软时限。

硬时限往往会把工作积压在一起。学生们都知道，考试期会特别繁忙，但学期的最初几天都比较轻松。在这里，依靠硬时限就意味着秋天不怎么学习，而冬天就要拼命学习。设定软时限则能帮你把繁重的学习任务分解开来。

软时限还能让你养成自律的习惯。如果一味依靠外在的限制，你就不会锻炼自己的能力。如果只依靠硬时限，那么开始一项个人目标或项目时，你就无法安排好自己的时间，到了最后期限，你也只能是和目标相去甚远。

48. 帕金森定律

帕金森定律表明："只要还有时间，工作就会不断扩展，直到用完所有的时间。"这意味着如果给你两个小时完成一项任务，你就会花将近两个小时。而如果给你 30 分钟，你只会花 30 分钟。这说明，在一定的时间内，所做的工作可以是灵活的。

你可以通过在计划一个项目之前先设定最后期限来使用帕金森定律。在开始一个大的任务或项目之前，我会问自己：

"这个计划有多少价值？"

对于设定最后期限，这个问题要比问"这个计划会花多长时间"更重要。我一般会定一个特别紧张的期限，这样能强迫自己简洁从事。

这条法则不是给你无限制的自由。除非你快得不可思议，否则很难在一个星期之内写 300 页书稿。但是首先基于价值来设定最后期限，会避免浪费时间。

49. 霍夫施塔特定律

表面上和帕金森定律截然相反的霍夫施塔特定律表明："即使将霍夫施塔特定律考虑在内，你在一件事上花费的时间总是要比想象得要多。"

该定律与帕金森定律看起来相互矛盾，但其实两者可以并行使用。霍夫施塔特定律表明，在给一个复杂的项目制定截止期限的时候，人们很容易自信过度。许多软件开发人员认可的一个类似的定律指出，"把你最坏情况下所用的时间乘以 2，就是你理想的截止时间。"

我建议你使用这两种定律：①给一个项目制定严格的最后期限，要看这个项目的价值，而不是你预期的时间。②你要清楚，你雄心勃勃将要完成的事情，搭配这样的截止日期，是不现实的。你可以设定一个严格的最后期限，但是别期望你的项目会按计划全部完成，结果只能是比理想预期完成得少。

50. 感激懒惰

生产力≠工作。如果你错误地认为这两者相等，那么你将会浪费大量时间。懒惰是缺点也是优点。如果懒惰意味着缺乏自律，那就是缺点。自律是高生产力所必须具备的条件。但是，如果懒惰意味着不必要的事情一件也不用做，那就是优点。

据我所知，软件生产商们自己经营生意。有项目的时候，他们每天工作10小时，一周工作7天。但是，我注意到即使他们这么忙，还是能有时间制作长长的论坛海报、快速回复邮件以及聊天。

一周70小时，到底有多少是真正的工作时间？如果把时间压缩，不分心，不做价值量低的事，他们有可能一周只花费35小时，却能做更多的工作。但不幸的是，很多人把工作时间短看成是生产力不高的表现，他们拒绝上述第二种形式的懒惰。

工作时间短，但做的事情更多。用积极意义上的"懒惰"来帮你完成更多的工作吧。不要做一些没有价值的大任务。简化复杂的项目，让它更容易操作。用头脑挽救你的时间和精力。

51. 框架规划

一个典型的规划步骤就是要详细了解项目的每个细节，并且提前做好每个决策。我反对这种规划形式，有两点原因。第一，过度规划只是拖延的一个借口。有一个粗略的计划要比在意每个细节要好得多。第二，过度规划往往都是错误的。最初的想法往往并不正确，需要修正。过度规划只是给你一个胸有成竹的幻觉。

框架规划是完全相反的方法。制定一个框架规划意味着你只需要规划出在行动之前绝对必要的一些要素就可以了。只需要做那些一旦开始就无法更改的准确决策。那些有多个选项的灵活决策就留到后面来做吧。

框架规划能帮助你完成整个项目，因为它给了你走捷径的机会。很久以前，在一个软件项目上，我犯了一个错误。我规划了大量的界面设计。在写了三个星期代码后，我意识到能用15美元买一个包含我所需要的大部分东西的资源库。框架规划不会给你这么多假设，它只会在你需要设计一个页面时给你很多选择。

52. 不要重新发明轮子

在你的项目里寻找捷径。通过预先做的解决方案，外包或移除一个特征，你可以省去一大部分工作。一个以任务为核心的人经常会忽略这些解决办法，这就是为什么我们要关注完成一整个项目，而不是只关注即将要做的事。

在上个部分，我举过一个例子，我用15美元节省了3个星期的工作。例子俯拾即是。你可以把网页设计外包出去，然后给自己节省时间来做完整个项目。你也可以去掉价值低的特征来节省时间。用设计好的软件让完成每一步都简单方便。

在特定的环境下，走捷径是不被允许的，所以千万要小心。学者们称之为剽窃，老板也会因为你的懒惰而开除你。确保你使用的捷径是世人允许的。我偏向于自主项目的一个原因就是几乎没有捷径是禁止的。违反专利和版权是绝不可做的事，但是在大多数情况下，只需要花很少的钱就能换来别人几百个小时的劳动。

53. 快速样品制作

相比创建一个完整的制作链，样品可以花较少的钱和时间。在产品面世之前，商人们用样品来检测。在付诸实践之前，你也可以用样品来检测你的想法。

项目样品制作指的是你的项目的第一个产品应该越简单越好。只需要一些必要的特征来展示你的想法。别在修改和展示上花时间。从一个样品开始，把它慢慢变成大的成品。每一步你都能更容易地纠正错误，也避免进入死胡同。

下面是一些样品制作的例子：

1. 在写一个完整的软件程序之前先写一个小型的应用。
2. 给你的小说找出版社之前先写一本电子书。
3. 作为一个自由职业者，在寻找客户之前，先免费做一些小型项目的技巧型工作。

54. 别按照时间来获得报酬

如果你在一家公司上班，可能公司会按每小时工资来支付你。更有甚者，公司会只是因为你露个面就付薪水。虽然这些支付方式对人力资源部门来说很简单，但这些并不是衡量你的时间价值的理想方式。你应该按照自己完成的工作而非花费的时间来获得报酬。

我知道那些个体经营者或者自由职业者都把"每小时工资"的思想融入自己平常的工作中。他们不根据最后的成果来获得报酬，而是每天都工作 8 个小时。如果是在公司上班，这种思想也许还有点儿用，但是自己干的话，这有点儿疯狂。

做自主项目的时候，要把完成的工作作为焦点。我按照自己的每日待办事项来做。列表上的事都完成了，我就停下来。我可不只是工作 8 小时这么随意。如果我做得快，3 个小时就完成列表上的事，那我今天就只工作 3 个小时。如果我做得慢，需要 10 个小时，那就慢慢做呗。

对有些人来说，工作 3 个小时可能有点态度不端正，甚至亵渎神灵。"你浪费了 5 个小时的潜在工作时间。"我听见他们哭着说。但他们没有意识到，可能就为了多挣一小时工资的心理，他们浪费了 5 个小时的工作时间。我浪费了 5 个小时，但我享受了下班的放松时间，而他们还坐在办公室里。

55. 被逼出来的生产效率

在压力之下产生生产效率是最佳的。高生产效率有点儿像练肌肉。除非你使劲拉你的"生产效率肌肉",否则它们很可能会在惯性的作用下趋于松懈。这是说在提高生产效率之前,你需要安排你的日程表,把生产效率逼出来。下面的两个方法可以做到这一点:

1. 安排更多工作。如果你有大的项目要完成,提高生产效率最简单的方法就是增加你的工作量。大的周/日事项列表会逼得你生产效率"噌噌"往上提。
2. 先休假。如果你不想增加自己的工作量,你可以通过先休假的方式提高生产效率。先去做一些放松的事情,把工作压缩到更短的时间内。

效率不是凭空而来的。没有压力来逼迫你提高生产效率,很容易会浪费时间。

56. 每日标记

本杰明·富兰克林因为发现了电而闻名于世，他也是美国的开国元勋之一。他用自己的人生经历体现了生产效率的价值，并且一生中完成了许多事。其中一个秘诀就是有一份检查清单，里面包含了他认为生活中十分重要的 13 个优点。如果他认为自己具备了其中一个优点，那当天他就会把这个优点从清单中划掉。

你也可以采用类似的方法来提高自己的生产效率。你可以列一份你希望自己每天关注的能够提高生产力的好习惯清单。每天你做到哪一点，就把哪一点划掉。这个方法很有用，它让你关注特定的思维习惯并且通过坚持这些思维模式而从中受益。

这里有一些潜在的检查标记：

1. 晨礼。
2. 自律。
3. 避免拖延。
4. 把时间放在最重要的位置。
5. 朝着一个重要目标努力。
6. 工作不分心。
7. 完成每日工作。
8. 把重要的事情放在紧急事情的前面。
9. 运动。

57. 制定一个出口策略

工作做完了该干什么呢?回答不了这个问题会让很多人受到阻碍。这就是做完事和忙得团团转的差别。出口策略就是当你完成一个项目,为接下来做什么而制订的一份计划。如果这一步没有做好,你会再次回到拖延的状态中,工作起来很容易,但是完成很难。

出口策略在项目上十分重要。当你完成了一个几个月的大项目后,你会做什么?休息两个星期?开始一个新项目?除非你知道接下来做什么,否则很容易推迟截止日期。压着项目不做也许安全一点,但除非你尽力去完成,否则就只是在浪费时间。

出口策略在任务上也十分重要。当你完成了每日目标后,你会做什么呢?如果回答不了这个问题,那目标列表很容易就占用你一天的时间。除非我对完成工作后接下来干什么有一个清晰的规划,否则每日目标列表会占用我所有的时间。知道结束后该做什么,你才不会停滞不前。

第5章

让你的日常工作自动进行

58. 注意：习惯的角色

生活里几乎没有什么是头脑有意识处理的。我看过，有人估计称人每秒会将近11 000个感觉输入大脑中，但大脑会有意识地处理其中的40个，比例还不到1%。面对这么多信息，你的大脑必须依赖潜意识下的习惯来指导行为。不管你喜不喜欢，习惯无处不在。所以，你最好还是对这股力量加以控制。

注意力集中需要付出代价。这个代价占用了你意识资源的一小部分，占处理量的不到1%。这本书有99个点子，但你一次不可能全部都注意到——注意3个都有点儿困难。高生产效率要求你采用这些点子，并且把它们变成习惯。

每个人都依赖于习惯。没有人是自然而然地做某件事，也没有人做起事来像机器人。大多数人不知道他们的意识就是一个冰山，大部分都隐藏在水下。问题不在于你有没有习惯，而在于你是否改变了已有的习惯，并且让他们帮助你提高生产效率。

59. 30 天试验

非常受欢迎的史蒂夫·帕沃利那（Steve Pavlina）推荐的 30 天试验是改变习惯的最好方法之一。这个方法背后的思想其实很简单：

1. 专注于一个月内连续培养一个习惯。
2. 如果你忘记了或是出错了，重新设定时间，回到开始的第一天。
3. 到第 30 天的时候，你的行为会被自动调节，不再需要费脑力。现在你可以在继续或是放弃中做选择了。

30 天试验很简单，但效果是惊人的。我曾经用它来重新调整我的习惯，包括改变饮食、每日运动、实施行动管理方法、处理邮件等。30 天试验通过专注的力量来发挥作用。通过专注于一个月内一个行为的改变，你可以利用意识资源的 1% 去塑造无意识加工处理的 99%。

60. 日常 VS 非日常工作

走上自动化生产效率道路的第一步就是要将日常工作和非日常工作分开。与大多数人一样，我也会面临这两种工作。撰写博客是我每周都会做的一项日常工作。虽然内容不同，但程序是相同的。同样，我还会面临很多每天都不一样的一次性工作。比如今天我给自己的网站安装了一个新特性，这件事我不会再做第二次。

非日常工作有很小的自动化空间。你可以让你的背景习惯（避免拖延、成批处理和晨礼）自动化，但不能让这些任务本身自动化。

然而，日常工作会给你自动调节它们的能力。通过决定执行它们的最佳方式，你可以调节自己适应这种日常惯例。我们都有处理日常惯例的习惯，但除非你能有效地设计这些例行的事，否则很容易养成粗心大意的毛病。

理想情况下，你的心力应该花费在非日常工作上。日常工作就算你当时不做，也应该放在日程表上，按照惯例执行，完全不用思考。

61. 触发物

30天试验并不是唯一调节习惯的方法。触发物也可以单独使用或是连同试验的周期一起让你的日常惯例坚持下去。触发物是养成一个习惯的条件很高的起点。它包含两部分：信号和仪式。

信号是开始一个习惯的提示和线索。假设你想用一个触发物来开始早起的习惯，你的信号就是闹钟响的声音。其他的信号可能是一天中固定某段时间去健身房，或者是一种特殊感觉，又或是你想避免的一些行为。

仪式是你做完习惯动作之后立刻需要做的事情。与晨礼不同，这些仪式需要非常短的时间（最多30～60秒）。这些短的仪式应该触发你习惯的剩余部分行为。比如，4:00的提示一响，你就会拿起你的健身包钻进车里。这个动作一旦完成，你所练习的其余部分动作会跟着出现。

你可以通过反复练习信号和仪式来建立一个触发机制。想要早起，我会在一天中根据闹钟的响声练习起床。也许触发机制在改变习惯中不是那么必要，但如果一个习惯不能长期坚持，这个方法一定有用。

62. 替换理论

人们培养习惯来满足情感和身体上的需求。破坏已有习惯，建立新的习惯会打破满足这些需求的平衡。没有满足这些需求是大部分长期习惯无法改变的原因之一。这并不是说改变习惯很难（那并不难），而是要培养新的习惯来满足旧的需求需要更多技巧。

想想不看电视的习惯。这个习惯也许提高了你的生产效率，但是破坏了什么平衡呢？电视或许提供了一个社交宣泄的渠道，或许给了你一个放松或逃避压力的方式，或许提供了你一个与周围人联系起来的方法。

不看电视，但没有另外一个替代的方法来满足这些需求会让你变得非常困难。你的身体习惯了输入的模式，而且一旦产生习惯，你的身体会拒绝改变。其他选择性的习惯也许是跟朋友在一起或重新发现一个爱好来获得放松。

替换理论不是对所有的改变都必要，但针对那些剧烈的改变，你应该将这个理论记在脑子里。

63. 操作性条件反射

斯金纳是操作性条件反射的奠基者之一。1930年，他发明了著名的"斯金纳箱"。这个箱子有一个开关，老鼠一按这个开关就会得到一个奖励。基于奖励的诱惑，这只老鼠会被训练反复按这个开关。操作性条件反射在塑造习惯中有很强大的力量，我们不能忽视。

在培养习惯时，把操作性条件反射考虑进去，意味着我们要确保对一个新习惯的反馈的平衡度是积极的。这里有一些方法能保持这个平衡：

1. 一旦不遵守这个习惯就进行负面强化。一旦拖延或者睡过头都要惩罚自己。
2. 遵守这个习惯就进行正面强化。对好的习惯要进行奖励。
3. 坚持不好的习惯要给负面反馈。惩罚自己。
4. 避免不好的习惯要给正面反馈。奖励自律。

我经常使用第2个和第4个方法，因为负面反馈的效果相对较低。

64. 一次培养一个习惯

自从我两年前开始写有关改变习惯和 30 天试验的东西后，我就跟不少人谈起过这事。他们都不可避免地问这样一个问题："一次我应该做多少试验？"他们认为一次改变 3 个习惯能比改变 1 个的生产力增加 2 倍。

一次改变多个习惯往往难以成功。因为只有专注，试验才能成功。请将 30 天的坚持专注于那 1% 上。如果将注意力分散到多个不同的习惯上，最后只能是一事无成。对很多人来说改变习惯很难，还有一个原因，那就是专注力不够。专注一个事情一天，或者一个星期很容易，但是坚持一个月，就需要毅力了。努力适应这个习惯。

除非你完美地做完了多个 30 天试验，我不建议一次改变多个习惯。一次培养一个良好的习惯要比养成五六个不牢固的习惯强得多。

65. 始终如一

调节一个习惯的时候，要确保这个习惯每天都一模一样。如果前后不一致，这个习惯就不会很好地养成。想象这样一个习惯：冬天在很深的积雪里走相同的一条路。一致性就意味着每天走一样的路。一个月以后，你就踩出了一条很深的道，走起来也容易多了。前后不一致的话，你就会踩出很多条路，走起来也没那么容易了。

可能的话，每个习惯要坚持每天去做。每天练习一次要比一周练习两次容易调节。每天早起要比只在工作日早起容易调节。要确保至少第一个月内，你的习惯没有被打乱，每天重复一次。

30天一过，你也许想换一个稍微灵活点的方式。我现在每周运动四五天，不是7天。但是，在调节阶段，我坚持每天都运动一次。我一般早上5:30起床，但是如果前一天晚上熬夜，就另当别论。一旦你坚持了一个月以后，你可以让这个试验更灵活一些。

66. 先投资自己

"先投资自己"是一句很有名的个人理财口号。这句话意思是说你的钱在日常花费花光之前要存起来或进行投资。你的花费会随着收入增加，只有先存钱，才能保护自己的收入不被花光。

"先投资自己"是一个很好的养成习惯的口号。意思是在日程安排以前，先养成投资的习惯。通过这个方式，确保你的日程安排不会用掉你所有的额外时间。这里有一些值得考虑的投资习惯，如运动、阅读、写日记、跟家人共处、学习。

我听过最多的不想运动或不想做其他类似事情的借口是没有足够的时间。但是，我却恰恰相反。当我把去健身房变成一种习惯，它必然在我的日程安排上。只有当我很长时间没去，我才意识到我太忙了。

67. 建立一个牢不可破的标准

为了取得30天试验的成功，我需要建立一个牢不可破的标准。这个标准就是，无论如何，你都要坚持到30天的最后一天。就算你最后决定放弃这个习惯，你也要坚持到底，不能放弃。有如此高的自律能力并非易事，但当你试着改变很难的习惯的时候，结果会让你大吃一惊。

最近我进行了一个30天试验，就是每天坚持晨跑。开始一个星期后，温度突然降到了0°C以下。我快冻死了，但我还是起床去跑步。有一天，当我正要离开时，一场雷雨突然降临。我浑身湿透了，但我坚持着完成了跑步。

30天完成以后，你也许不用再冒着暴风雪和雷雨的风险去跑步了。但是，一个牢不可破的标准能增强30天试验的效果。如果刚一有困难你就放弃，日后你的习惯就不能坚持下去。

如果这30天内你无法渡过难关，那就从第一天重新开始。断断续续要比完全放弃还要糟糕。

68. 齿轮理论

生产效率高不是一件容易的事。别期望一下子就能改善你所有的习惯。如果你慢慢提升，从一个简单的改变开始逐渐扩大，效果会更好。只有朝着一个方向运动，齿轮才会发挥作用。你可以通过一个个改善自己的习惯来增加自己的生产效率。

假设你要开始培养早起的习惯。如果你现在起床时间是7:30，那么改到5:00有点太过突然。你可以改到7:00或6:30来开始第一个30天试验期。一个月后，等到这个习惯彻底养成，你可以再改到6:00或6:15。

如果一个习惯改变起来特别难，用这种齿轮方法会更有效。通过把它分割成好几个30天试验期，你也会有更多的能量来改变。这就是一下拧紧一个齿轮的螺钉和拧好几下的区别。

69. 建设性恶习

在培养自动化生产效率的过程中，我犯过一个错误，那就是忽略了低生产效率的每一个潜在来源。为了凸显习惯的力量，我试图改掉每一个不好的行为。最后，我根本没有时间休息或放松。

这是我犯的一个错误，但它并非不可避免。你改变习惯的目标就是要改掉那些没有价值的恶习。这里有三个范围的任务：

1. 生产性工作。
2. 生产性恶习。
3. 非生产性恶习。

用习惯来改掉那些非生产性恶习，但别抛弃它们相对好的那方面。那些行为，虽然不能直接对工作有利，但仍然有价值。社交并不直接富有生产性，但是如果社交能让你专注工作，那它就是值得的。

70. 互联网仪式

用习惯来节省时间的一个办法就是培养互联网仪式。这个仪式就是你日常处理邮件、订阅、浏览网页、查看 Facebook 或其他数字信息流的程序。将它形成一个仪式，你可以避免接触很多伴随互联网带来的极端无效的东西。

我用过的一个互联网仪式的例子就是每日查看我所有大的信息来源。我把大的来源放在优先的位置，所以从最重要的信息开始，到最后就是最不重要的。这样的话，就算时间短促，我也可以先处理最重要的信息。

设立一个 30 天试验期来练习互联网仪式。我发现将那些需要每天查看的信息源和需要每周查看的区分开来是很有用的方法。我的网页数据和其他信息源只需要每周查看一次。当数据模式在几周或几个月之后才出现时，每天查看只会浪费时间。

想一个有效的方法来处理你的邮件，并养成习惯。增加一些你需要的其他在线信息源，建立一个互联网仪式。

71. 用习惯做实验

你的很多习惯没有什么用。收获的生产效率似乎也不够抵销成本。或许有些习惯会与其他习惯冲突，所以试验期要30天以上。有些时候，你甚至会发现习惯可以完全改变你工作的方式和工作技巧。

用习惯来冒个险，至多是浪费了一个月的时间。我想说试验的30%~50%会帮助你养成永久的习惯。并不是这个方法不管用，而是我用很多不同的行为来进行试验。有些最后变成过眼云烟，有些则成为宝贵的财富。

改变习惯是慢慢发生的。在你习惯这个过程之前，你可能有很多个行为，它们都是你新习惯的候选者。一旦你了解了基础知识，下一步就是进行试验。别满足于现状，强迫自己找到做事情的新方式。30天试验很好，因为它从不承诺一个永久的改变，它只承诺一个月。这个月过后，你就可以自由抛弃那些失败的试验，保留那些成功的。

第6章

生产效率黑洞

72. 外包

放弃那些可做可不做的事。外包是一种流行的新趋势，因为它彻底改变了生产效率的本质。如果完成的工作可以换钱，你可以做不止一个人能做的事情。外包打破了你一定时间内做多少事情的限制。

外包有两个层次。第一，你可以用外包来避免做一些单位时间价值低的工作。如果你正在做一些每小时只挣 25 美元的工作，但是你想做每小时 50 美元的工作，外包就可以让你避免做那些价值低的事情。

第二，外包让你更加专注于自己的优势。假设你是一个自由程序员，但是你缺乏网页设计的技能。当然你可以建立一个很丑的网页来推销你的服务，或者你可以把时间省下来，付钱给一个会做设计的人让他帮你完成。

外包并不是万能的。它需要组织计划，除非你悟性很高，否则外包的费用比你自己做还要贵。对于那些盈利不多的个人项目，外包并不是最佳的选择，但是它是一个可以提高你生产效率的小技巧，请谨记在心。

73. 关闭自动消息

自动更新是魔鬼。你的电子邮件客户端告诉你收到新信息的时候,你的生产效率就会下降。工作的时候打开即时通信软件,也是如此。

保持联系与生产效率上所付出的代价相比并不值当。下线一会儿要比时刻待在线上等着别人跟你打招呼要好得多。如果你还有重要的工作要做,关掉所有在线即时信息。分心少了,节省的时间就多了,后面你才有更多的时间跟别人交流。

另一个自动信息的潜在威胁就是它创造了社交的假象。当你指尖轻轻一动就能打开即时通信软件的时候,你很难意识到这并不是面对面的交流。真正的社交能让你的精力保持平衡,这一点很重要。即使你很内向,长时间完全孤立的状态也不会对你的生产效率有帮助。关掉信息,用节省下来的时间好好地跟人面对面地相处吧。

74. 双流理论

大多数创作都有两大挑战。第一个挑战是建立足够的创意素材。这是一些工作中需要呈现的原始想法。第二个挑战就是把这个素材提炼、加工成有用的东西。一个作家在写东西之前，先要有很多想法，但同样也要有把这些想法变成有用信息的能力。

创作阻塞经常发生的原因就是人们常常在同一时间做这两件事情。创造的任务和提炼的任务需要两种截然不同的心境。一个必须是自信、热情、有表现力的；另外一个需要缄默、挑剔、有所限制的。当你试着同时进行这两种工作时，这两者会互相抵消。

你可以通过分解这两个时期来减少完成创作的时间。我写作的时候就采用这个方法，我在第一个阶段会先列出来好多个文章主题，在第二个阶段才开始真正写东西。我在写这本书的时候就是这样，真正开始写内容之前先列出来很多个大概的想法。任何创造性的工作都可以利用这一理论，既可以节省时间，又可以避免创作阻塞。

75. 批量处理

批量处理是把相似的任务在同一时间一起处理的艺术。你可以在一天中的某一时间集中回复邮件，而不是整个下午都耗费在这件事上，时不时地回复一个。写作也是如此，我会在两天时间内集中写完相当于一整个星期的内容。对于学校作业，我也是一次性完成一个项目，绝不会持续几个星期。

批量处理是一个很棒的窍门，有以下几个原因：

1. 它省去了工作的开始阶段和减速阶段。完成一个任务需要固定量的动力。投入一个工作 10 ~ 15 分钟后才能开始全速进行。
2. 它能让你保持一样的心境。双流理论暗示我们以不同的心境对待不同种类的工作，起到了提高生产效率的作用。通过批量处理，你可以保持一种心境来处理特定的任务。
3. 批量处理简化了你的工作量。通过一次性处理一大批工作，你可以减少头脑需要记住的工作量。

76. 避免接触懒惰的人

态度是会传染的。如果整天跟你在一起的人生产效率不高，他们的坏习惯也会影响到你。虽然我不是建议立刻远离那些成就不高的朋友，但下面有一些方法可以用来增强你的优势：

1. 跟生产效率高的人在一起。跟那些在生产效率上超过你的人多接触。除了可以从他们身上学到些东西，你还可以潜移默化地培养和他们相同的习惯。
2. 找目标一致的人。寻找那些跟你有相同志向的人，他们不是你的竞争对手，而是一笔财富。他们的动力会反映出你的动力，而且如果你暂时受挫，他们还能给你一些支撑。
3. 找有好习惯的朋友。跟那些具有你想要的习惯的人在一起。我跟那些喜欢去健身房的人一起去健身。如果你的健身同伴不能鼓励自己去健身，那他也会影响到你。

77. 信息节食

生产效率需要选择性的注意力。在上一章，我讨论了注意力是一个有限的资源，而且你需要利用它来培养习惯。这里我想讨论的是为什么选择性的注意力对保持高的生产效率很有必要。选择性的注意力就是要完全忽略某些信息流，并且严格限制另外的一些。

从去掉那些对你没有用的信息流开始吧。电视节目或是名人杂志看起来重要，但除非它们能导致你直接的行动，否则就只是些无价值的东西。任何一个不能影响你行动的信息流都是在浪费时间。

接着，缩减那些你不经常浏览的信息流。我每周只看一次有关我收入的细节。反复查看只会浪费时间，而且会让我变得没有耐心。通过限制这一资源，现在我只会看总数，而不关心那些细枝末节的数据。

78. 习惯现在就做

工作只能现在去做。计划很重要，但它不能完成任何有用的工作。把工作完成的唯一方法就是现在就去做。专注现在能帮你远离专注一些不能被改变的事情。

尽管专注现在对克服拖延症很重要，但不仅如此。专注于现在还能改变你工作的方式。如果你做过现在正在做的事，工作的质量就会提升。通过专注于眼前的任务，不让思想漫无目的地漂移，你会以更快的速度创造出高质量的业绩。

养成"现在就做"的习惯的一个障碍就是拒绝做你现在正在做的事。令人惊讶的是，努力地关注你正在做的事也会让无聊的工作变得有趣。努力地专注于你不喜欢做的事，也可以让它变得更有意思。

79. 寻找指数报酬

我有一张纸。将它折成一半大小，厚度也会变成原来的 2 倍。再折成一半，厚度就变成原来的 4 倍。再折一次，厚度就会是原来的 8 倍。假设，有一张纸，我重复以上操作，将它折叠 50 次，这张纸会有多厚？

每次我问这个问题，没人能给出正确的答案。大多数人会使用线性的估算，比如 6 英寸或几尺。但没人能想象得到，正确的厚度相当于地球到太阳的距离。指数报酬之所以如此强大，是因为它如此地难以预料。

1% 的增长，如果不停增长下去会比一次增长 50% 要好。如果你专注做那些能给你指数报酬的事情，你的生产效率会大大提高。建立互联网公司就是一个例子，每一步都在提炼整个过程，最后的提升会呈现指数形式的增加。从 100 美元增长到 200 美元跟从 10 万美元增长到 20 万美元是一样的难度。生意和钱并不是唯一的指数报酬，寻找其他的方法能让你充分利用这一效果。

80. 速读

速读在这里有点用词不当。作为速读者学到的技巧是阅读得更快,但大多数情况下这些技巧能让你阅读得更有效率。根据阅读的内容不同你能够减慢或加快阅读速度,那么你不仅能增快阅读速度,还能增强理解能力。速读是一个需要反复练习的技能,但基础训练很容易:

1. 用手指在所读的词语底下画线。前两个礼拜,这样看起来比直接阅读要慢。然而,一旦你适应了,这个方法会很快。你的眼睛不用固定在一处,你可以用你的手指减少眼睛移动的时间。
2. 练习比你能够理解的速度来更快地阅读。这会训练你更快地理解。
3. 比你默读的速度更快地阅读。默读是你在读的时候听见词语在你的头脑中发音。许多人把默读(慢速阅读的附带结果)与理解弄错。但是,经过练习,你可以不用默读就能理解。

81. 整体学习

大多数人学习的效率很低。最典型的策略就是死记硬背，这就等同于把信息硬性塞进你的头脑中。整体学习是一个与死记硬背完全不同的策略，它依靠联系帮助记忆。

这里有几个联系的方法：

1. 给你的笔记标星号。把你随时产生的想法和评论写进笔记里，把中心想法和别的东西联系起来。教科书的作者一直在做这件事，如果你能管理好自己的笔记，你会受益更多。
2. 使用比喻。像给一个 5 岁孩子解释一样给自己解释这些话题。对于量子物理学或宏观经济学，这也许并不容易。但任何能把抽象概念简化成一个相对容易的比喻，都能让你更容易记忆。
3. 形象化。描绘一个大的、形象的图画来描述想法。你可以在你的笔记里画图形或是在头脑中形成画面来做到这一点。越极致，越富有想象力，越好。

82. 用书写来解决问题

思考缓慢是提高生产效率的一个大障碍。如果你的思想缓慢，你的工作也不会推进得很快。但是你不需要等到发明一个可以适合你脑袋的电脑芯片来加快你的思考。事实上，你现在就有可用的工具。

书写是控制和加速你解决问题的最佳方法之一。下一次当你陷入困境的时候，写出你克服困难的方法。书写能加强思考有几个原因：

1. 加强短期记忆。人的大脑，相当于一个内存，一次可存储5～9个事项。用纸笔记下来，你的短期记忆可增至3倍。
2. 多条思考线。当你走入一条不同的思考线路，后面就很难再返回。纸张能帮助你，因为你可以折回来，还可以提醒自己你刚刚思考的是什么。
3. 书写是主动的。没有行动的思考是被动的。这样很容易分心，而且几乎不可能长时间持续专注。写作能让你更容易专心。

83. 学习清单

到现在为止，你应该对待办事项很熟悉了。但是你有一个学习清单吗？我有，因为它让我随时追踪一些值得追求的事情，而不立即归入某一项目之中。学习清单给你未来的计划提供很强大的意见库，而且是消磨时间的良好方法。

要读的书，要看的电影，要学的课程、科目都是学习清单的内容。只要我碰到一个有趣或是有潜在价值的想法，我就会把它写到清单上。然后，当我不读书或是有时间做另一个项目的时候，我会给学习清单做一个补充。

学习是生产效率的重要组成部分，有更多技能能极大地提高效率。知识是对抗无用功的武器。你知道得越多，提高生产效率的能力就越大。

但是，学习并不是迫在眉睫的一锤子买卖。学习新的东西总是需要在每天抽出一些时间来默默完成。列一个学习清单能帮你确保时间都投入到了提升思想的事情上。

84. 忠言逆耳

没人喜欢被批评。即使你有铜墙铁壁,也会更喜欢赞美而不是别人对你工作的抨击。然而,如果你想要避免浪费时间,能够听取严厉的批评是非常关键的。曾经我在项目上浪费了几个月的时间,就是因为早期我不愿听取批评建议。

通过改变你询问的方式,你就能得到逆耳忠言。大多数人不会给出特别残酷的反馈,他们更愿意善良一点儿。但是,如果你改变要求反馈的方式,人们会更愿意给你最真实的意见。

有一个方法可以做到,那就是询问缺点。比如,问:"你觉得这个产品/设计/文章主题最大的缺点是什么?"这可以把人逼到一个角落,让他们无法给出平庸的答案。还可以问另外一个问题:"如果你处于我的位置,你会怎么解决这个问题?"这可以让他人指出你策略中可能存在的缺点。被人批评也许会有些伤心,但一点点的伤心会让你避免走入死胡同。

85. 感官剥夺

如果你无法长时间保持专心，试试感官剥夺。在你工作的时候，排除一切可能的感官干扰。包括：

1. 关掉音乐。
2. 清理书桌。
3. 关上门，关闭手机，拔掉电脑插头。
4. 关掉所有后台程序和提示窗口。

如果你想进入到一个更高的层次，你可以清理掉电脑桌面上任何一个与你工作没有直接联系的图标。感官剥夺的目标是把工作看作唯一的客体去专心执行。只要有趣的东西围着你，你就很难处理一些棘手的事情。我不会把感官剥夺当作一个规则，但是当面对一个时间紧迫的任务或是一系列无聊的工作的时候，它会是一个很有用的办法。

第7章

做对的工作

86. 六步走

六步走的故事是这样的:

20世纪早期,一个年轻人走进了一家钢铁公司经理的办公室。他告诉经理,他可以把经理的生产效率增加到3倍。他只需要经理认为这个想法值多少钱,后面就支付他多少钱。这个想法就是:

每天在一张纸上写下1～6的数字。

然后写下这一天第一重要的,第二重要的,直到第六重要的事情。从第一件事开始做。就算一整天都在做第一个任务,也没有一个方法能比这个方法更有效率。

一个月后,这个年轻人收到了那位经理寄来的支票,上面是1万美元(换算成今天的价格是10万美元)。

87. 知道你想要什么

如果一个项目的结果并不明了,你会在很多无用的事情上浪费时间。清楚明了是大多数项目缺乏,也是几乎没有人能意识到的东西。在你开始一个大的任务或项目之前,先回答几个问题。如果你不能很快回答出来并给出一定的解释,说明你并没有花时间弄清楚自己想要什么。

1. 我为什么做这个项目?
2. 项目完成的时候我会收获什么?
3. 为了完成这个项目,需要具备什么特性?
4. 这个项目的主要目标是什么?
5. 这个项目的次要目标是什么?例如,你发明了一款产品,主要目标可能是赚钱,次要目标可能是给产业增加价值,获得用户认可或建立经销商联盟。再比如,你写一篇文章,主要目标可能是为了得到 B+ 或 A,次要目标是提高你的写作技巧或理解一个主题。

88. 将计划和实施分开

计划，尤其是对复杂的项目来说，是一件非常棘手的事情。一方面，你想要认真计划。有创造力的规划决策会将项目进程加快几个月，也决定了项目最终的成功与失败。另一方面，过度计划会导致分析停顿，项目无法开始。对于这个问题，我的解决办法是将计划和实施两个阶段完全分开。每周和每月的回顾是计划的好时机。在这个时候你退出项目之外，对一些大的问题进行评估。这是问自己一些难的问题，设立目标和寻找捷径的好时机。

然而，如果你不主动回顾检查，你的注意力很可能只转向完成工作。先不讨论为回顾阶段做些什么。只要你决定了采取哪些措施，就朝着那个方向去做，除非有什么不可抗因素迫使你重新考虑。

将计划和实施分开的方法能帮助你平衡这两个方面。在该行动的时候进行计划会导致拖延和缺乏动力，而该计划的时候采取行动则会导致做无用功而浪费时间。

89. 测量

商界有一句古老的谚语:"可测量化,才能得到进步。"信息就是武器。没有定期测量,就不会有反馈,就无法知道你的行动是否能取得进步。如果有什么东西是重要的,值得思考的,那它就值得测量。

大部分重要的东西都不会那么容易测量。记录交通状况就比记录附加值容易得多。但是,这些比较容易的测量在更重要、更主观的因素上会带来提升。

所有的测量应该密切关注趋势,模式和总量。许多测量都会有随意的波动。只有当你看更大范围的模式时,你才能看到习惯的效果。这就是为什么记录测量数据是如此重要了。如果你只依赖日常的判断,那只会歪曲事实。然而,如果你将日常的判断和过去一个月的趋势结合起来,那你会对自己的行为有更好的了解。

90. 实验

解决问题一般有两种常规模式。一个是理论法,这个方法要求你查看每个细节并开启复杂的心理模式来解释发生的事情;另外一个是反复试错法,它要求你不去思考,而是采取行动,做有用的事情。

还有一个更好的方法,就是将两者结合。实验法包含对世界运行的方式做出假设(理论)以及在一个可控的前提下进行试验(试错法)。在个人生活中,你可能永远无法达到一个实验室的科学准确性。但是,就算是未经设计的实验也能节省你的时间。

这里有一些你可能想要了解的实验:

1. 下个月如果你停止工作会怎么样?
2. 如果你把所有的工作压缩到 9:00 ~ 14:00 之间,会怎么样?
3. 如果你 30 天不吃垃圾食品会怎么样?

这些都是一般的实验。如果运用到更具体的事情上,实验法会发挥更大的作用。

91. 日程记录

时间日志是一般四五天内对你所做的每件事情的简单记录。我写过很多，虽然要花些时间来把它们拼凑起来，但效果是惊人的。时间日志会告诉你，你把大部分时间都花在什么地方，你最频繁花时间做什么以及你是否花足够的时间在重要的项目上。

时间日志的真正魅力在于它打破一切假象。每一次我记录的时候都会惊讶于理想的生产效率状况和真正的工作习惯之间的差异。尽管我提升了许多，但时间日志仍会反映出所有不好的细节，并且告诉你哪里需要改进。

写时间日志非常简单。就像整天带着笔记本一样。当你开始或结束一项任务的时候，记下时间和你做的事情。然后，当你完成的时候，你可以把信息输进一个电子表格。有一种制表软件可以帮你把花费的时间归入不同的类别（吃饭、睡觉、工作、上网、电视、社交，等等）。当你的日志不能反映你的目标的时候（假如你有一个很宏远的学术目标，但你大部分时间都在玩游戏），你就可以做出调整。

92. 帕累托定律

意大利经济学家维尔弗雷多·帕累托对意大利地主阶层的财富分配进行了一次不同寻常的观察。他注意到，80%的财富只掌握在20%的人手中。这种不平等很快就在其他领域也显现出来，被称作80/20法则。这个法则表明，将近80%的结果都来自20%的原因，你收入的80%来自于你工作的20%，80%的工作都是在20%的时间里完成的。这种不平等不会总是80/20(也可能是90/10，70/40或50/2)，但原理是基本相同的。

你可以利用80/20法则来节省时间。假设你的工作超出了你的时间和精力范围。经营公司的时候，我有几百个可以实施的优化项目，但时间上只够我去实施两个。这个时候，我就会试着找出里面贡献率最小的80%，然后淘汰这80%，保留剩下的20%。

把80/20法则当作你工作上的过滤器。接到任何新的任务都可以通过这个过滤器，这样你既可以保证工作处理得过来，也能取得效果的最大化。任务千差万别，有了帕累托定律的帮助，你可以将那些影响最小、价值最低的工作和最重要的、价值最高的任务区分开来。

93. 停止清单

建立一个任务清单很容易。但是你有停止清单吗？停止清单同样重要。为了做一些重要的工作，你需要停止做那些不重要的事情。有时候是自然而然地发生，一些不重要的任务在面对压力和有限精力的时候会自动从你的任务清单上消失。但是，更多时候，你需要动手来完成这一步骤。尤其是是那些极度重要的事情没有获得应有的关注，而价值低的任务却充斥着你的任务清单的时候。

建立一个停止清单要比任务清单难得多。任务清单就像是中学的体育课，即使队员们玩得不好，也必须都加入这个队伍。而停止清单更像是 NBA 选拔，要从许多价值来源中选择最好的那几个。

当重要工作被那些紧急但并不重要的工作排挤的时候，停止清单显得尤为重要。问自己一个问题："完成这个任务在 5 年内有影响吗？"如果一个任务的影响只局限于几周或一个月，那么它并不值得规划进你更大的蓝图之中。

94. 迅速失败

早死早超生，但是许多人固执地认为只要不失败怎么都行。你得到反馈越快，就算是项目失败的反馈，对你也越好。让我举两个例子：

- 约翰成立了一家公司。他没有立即发布自己的产品来取得市场经验和反馈，而是花了很多年改进产品。当他最终发布产品的时候，却无人问津。因为他早期犯的错误才导致了今天的结果。如果他能早点儿发布，这个错误也能早点儿解决。

- 苏珊写一篇很长的文章。她没有让别的学生和教授来给她意见，而是等到最后截止期限。当她交上自己的文章时并没有意识到自己的开篇段落写得不清楚，而是把一篇有说服力的文章写成了无用之物。

把所有项目都做成测试版，没有完成却可以得到反馈。

95. 条理 VS 成就

条理是生产效率的重要一步。如果你的任务清单不见了，此时又不能很好地储存文件，那你就很难完成工作。我们必须意识到，条理和成就不是一回事。戴维·艾伦的书《把事情做好》关注条理性，尤其是任务和项目的条理性。但他没能注意到生产效率的另外一部分——把事情做完。

成就不仅仅要有条理，而是要采取行动，认真工作并且对最终的结果要有不懈的追求。漫无目的，整天忙于一些无法完成的事情实际上是缺乏成就的表现。

如果你想了解更多关于如何变得更有成就的知识，我建议阅读卡尔·纽波特的一篇很有名的文章《完成的艺术》：

http://www.scotthyoung.com/blog/2007/10/18/the-art-of-the-finish-how-to-gofrom-busy-to-accomplished/

96. 做一只刺猬

吉姆·柯林斯在他著名的《从优秀到卓越》一书中论证了做一只刺猬的重要性。在希腊寓言中,"狐狸知道很多事情,但刺猬知道一件大的事情"。刺猬在一件事上是卓越的,而狐狸在许多事情上是普普通通的。

做一只刺猬要比做一只狐狸重要得多。想要在每件事上做到卓越,最后只能是什么事都没做好。选择有限的几个技能去学习是更好的策略。

这个原则的另一个版本叫作"T"模型。本·卡斯诺查第一次建议我的时候说,一个人应该精通一个领域(T的垂直线),然后在更多的领域里有其他的小的技能(T的平行线)。

专注一个领域,你可以跟精通其他领域的人展开合作。但是如果你没有一个中心的领域,你就会失去与那些分清自己的长处优势的人为伍的资本。

97. 努力工作并不重要

在做第一批软件项目的时候,我第一次觉得努力工作并不重要。花 3 个月设计一个页面的中途,我意识到我可以花 15 美元买资料库来帮我做这件事。

努力工作对达成目标来说并不是必要的。我知道没有人能不努力就获得巨大的成功,但是,这并不意味着努力工作本身是有用的。在某些情况下,它是必要的,但它并不是生产效率的唯一重要的因素。

有创造力的捷径(就像我花 15 美元完成了 3 个月的工作),更好的技能或是重新审视问题能够省去一大部分工作。要想真正地提高生产效率,你需要平衡两种完全不同的技能。一个是努力工作的能力,它很重要,但还不够。另外一个技能就是避免努力工作的能力。

生产效率是一个不平衡的领域。有人每年的收入是你的几千倍。但没有人比你聪明 1000 倍或努力工作 1000 倍。平衡努力工作和不努力工作的能力是生产效率的本质。

98. 计算你的附加值

一个任务值多少?如果你给它赋予现金价值,你就有更好的机会来评估什么重要什么不重要。像写邮件、写报告或优化一个项目这样的事情是无法知道它价值多少钱的。但是,就算你不知道具体的数字,估算一下也能了解你的时间到底值多少钱。

如果你每月挣5000美元,试着按贡献量给每个任务一个值。像每日邮件这样的任务,即使占据了你时间的20%~30%,也可能只值几百美元。将这种附加值计算跟你的时间日志结合起来,就能知道你的效率分配是什么样的。

假设你挣5000美元,但是正在做的项目可以带来6000美元的收入,然后,计算一下每个任务会多多少额外收益。这样可以避免你低估那些对现在收入几乎没有影响,但对未来收入有大的影响的一些任务。

只要你知道了自己的效率分配,你就会发现一些需要缩减,甚至需要从你的每周惯例中淘汰的目标领域。

99. 有目的地提高生产效率

说了这么多生产效率的事情,到底有什么用呢?只是节省一点儿时间或是多赚一点儿钱?对此,我想回答一下在开始部分我提出的问题:"你想要提高生产效率的原因是什么?"我想要给出我的答案:

1. 工作有激情。如果你喜欢你的工作,生产效率会帮你得到更多你喜欢的东西。尽管生产效率能帮你避免无聊的工作,但这些建议还是更适合那些想要得到更多的人。
2. 做有意义的事。在这本书里,我多次强调项目高于任务的重要性。原因不仅仅是项目能让人更有效率,而且更有意义。生产效率会帮你建立一些日后你引以为豪的事情。
3. 不断进步。生产效率的乐趣在于,它不是当你完成了任务清单就停下来。更有智慧地工作能提升你的生活质量。

关于作者

斯科特是他的网站 ScottHYoung.com,以及 Lifehack.org 和 PickTheBrain.com 网站的专栏作家,也曾在天狼星广播节目、《该死的快乐》(*Be Happy Dammit*)和《高射炮》(*Flak*)杂志中占有一席之位。现居住在加拿大曼尼托巴省。

习惯与改变

《如何达成目标》
作者：[美]海蒂·格兰特·霍尔沃森 译者：王正林
社会心理学家海蒂·霍尔沃森又一力作，郝景芳、姬十三、阳志平、彭小六、邻三月、战隼、章鱼读书、远读重洋推荐，精选数百个国际心理学研究案例，手把手教你克服拖延，提升自制力，高效达成目标

《坚毅：培养热情、毅力和设立目标的实用方法》
作者：[美]卡洛琳·亚当斯·米勒 译者：王正林
你与获得成功之间还差一本《坚毅》；《刻意练习》的伴侣与实操手册；坚毅让你拒绝平庸，勇敢地跨出舒适区，不再犹豫和恐惧

《超效率手册：99个史上更全面的时间管理技巧》
作者：[加]斯科特·扬 译者：李云
经营着世界访问量巨大的学习类博客
1年学习MIT4年33门课程
继《如何高效学习》之后，作者应万千网友留言要求而创作
超全面效率提升手册

《专注力：化繁为简的惊人力量》
作者：[美]于尔根·沃尔夫 译者：朱曼
写给"被催一族"简明的自我管理书！即刻将注意力集中于你重要的目标。生命有限，不要将时间浪费在重复他人的生活上，活出心底真正渴望的人生

《驯服你的脑中野兽：提高专注力的45个超实用技巧》
作者：[日]铃木祐 译者：孙颖
你正被缺乏专注力、学习工作低效率所困扰吗？其根源在于我们脑中藏着一头好动的"野兽"。45个实用方法，唤醒你沉睡的专注力，激发400%工作效能

更多>>>
《深度转变：让改变真正发生的7种语言》 作者：[美]罗伯特·凯根 等 译者：吴瑞林 等
《早起魔法》 作者：[美]杰夫·桑德斯 译者：雍寅
《如何改变习惯：手把手教你用30天计划法改变95%的习惯》 作者：[加]斯科特·扬 译者：田岚

高效学习

《刻意练习：如何从新手到大师》
作者：[美] 安德斯·艾利克森 罗伯特·普尔 译者：王正林

销量达200万册！
杰出不是一种天赋，而是一种人人都可以学会的技巧
科学研究发现的强大学习法，成为任何领域杰出人物的黄金法则

《学习之道》
作者：[美] 芭芭拉·奥克利 译者：教育无边界字幕组

科学学习入门的经典作品，是一本真正面向大众、指导实践并且科学可信的学习方法手册。作者芭芭拉本科专业（居然）是俄语。从小学到高中数理成绩一路垫底，为了应付职场生活，不得不自主学习大量新鲜知识，甚至是让人头疼的数学知识。放下工作，回到学校，竟然成为工程学博士，后留校任教授

《如何高效学习》
作者：[加] 斯科特·扬 译者：程冕

如何花费更少时间学到更多知识？因高效学习而成名的"学神"斯科特·扬，曾10天搞定线性代数，1年学完MIT4年33门课程。掌握书中的"整体性学习法"，你也将成为超级学霸

《科学学习：斯坦福黄金学习法则》
作者：[美] 丹尼尔·L.施瓦茨 等 译者：郭曼文

学习新境界，人生新高度。源自斯坦福大学广受欢迎的经典学习课。斯坦福教育学院院长、学习科学专家力作；精选26种黄金学习法则，有效解决任何学习问题

《学会如何学习》
作者：[美] 芭芭拉·奥克利 等 译者：汪幼枫

畅销书《学习之道》青少年版；芭芭拉·奥克利博士揭示如何科学使用大脑，高效学习，让"学渣"秒变"学霸"体质，随书赠思维导图；北京考试报特约专家郭俊彬博士、少年商学院联合创始人Evan、秋叶、孙思远、彭小六、陈章鱼诚意推荐

更多>>>
《如何高效记忆》作者：[美] 肯尼思·希格比 译者：余彬晶
《练习的心态：如何培养耐心、专注和自律》作者：[美] 托马斯·M.斯特纳 译者：王正林
《超级学霸：受用终身的速效学习法》作者：[挪威] 奥拉夫·舍韦 译者：李文婷